Application

DU

TRAVAIL DES PRISONNIERS

A L'AMÉLIORATION DU SORT DES TRAVAILLEURS

ET A L'INSTRUCTION POPULAIRE,

PAR

Jules MARESCHAL,

Ingénieur civil, ancien Elève de l'Ecole des Arts industriels.

PRIX : **20** CENTIMES.

1848

Appréciation

Pour paraître prochainement :

DU SYSTÈME CELLULAIRE ET DES ÉTABLISSEMENTS DE BIENFAISANCE

1848

Application

DU

TRAVAIL DES PRISONNIERS

A L'AMÉLIORATION DU SORT DES TRAVAILLEURS

Et à l'Instruction Populaire.

Le Gouvernement provisoire vient d'abolir par un décret le système actuel du travail dans les prisons. On doit applaudir à cette mesure. Il appartient à la Révolution sociale de 1848 de détruire cette oppression immorale et odieuse du criminel sur l'honnête homme.

Mais il faut que les prisonniers soient occupés ; il faut qu'ils soient stimulés au travail et secourus à leur sortie de prison, afin que le dénûment et l'habitude de l'oisiveté ne les poussent pas à de nouvelles fautes, à de nouveaux crimes. (*Note 1.*) Par intérêt aussi bien que par devoir, il faut donc faire travailler les détenus. Ils sont nombreux par suite de la déplorable imperfection de notre société, qui attend que ses enfants soient corrompus par le désespoir, atrophiés par la misère, pour leur donner asile. Quels travaux pourra-t-on leur départir sans nuire à l'industrie libre ? C'est ce que chacun se demande, et plusieurs projets sont sans doute à l'étude. (*Note 2.*)

Le moment nous paraît venu pour nous, d'indiquer un système de travail pour les prisons, depuis longtemps élaboré, qui, loin de nuire à la classe ouvrière, viendrait

à son aide, améliorerait son sort, fortifierait son instruction. Ce projet, nous le répétons, n'est pas improvisé ;
nous déclarons aussi qu'il n'est pas notre œuvre ; nous
n'aspirons qu'au rôle d'interprète, sinon habile, du moins
convaincu et désireux du bien. L'idée fondamentale a
été appliquée avec succès dans une ville de Normandie,
il y a plus de quarante ans, par une famille dont le nom
sera béni à jamais. Les détails que nous avons consignés
ont été l'objet d'expériences suivies. Enfin nous dirons
que depuis 1841, époque à laquelle nous avons rassemblé
ces notes, nous avons fait fabriquer pendant plusieurs
années, à la prison de la Roquette (Jeunes Détenus), et
de plus, qu'ayant vécu constamment avec les ouvriers,
dont nous avons souvent partagé les plus rudes travaux,
nous croyons avoir été en position d'étudier utilement
ce projet. Cela dit, nous abordons l'exposé du système.

« Des trousseaux composés de linge, vêtements, chaus-
» sures, objets de literie, etc., seront confectionnés dans
» les prisons et maisons de charité de la France.

» Ces trousseaux sont destinés à tous les travailleurs
» des deux sexes, reconnus nécessiteux et honnêtes. A
» chacun d'eux sera remis une carte dite d'abonnement,
» portant un numéro d'ordre et donnant droit à l'usage
» du trousseau portant ce même numéro.

» Les abonnés n'auront d'autre obligation à remplir
» que de rapporter fidèlement, chaque dimanche, les
» effets salis durant la semaine écoulée. Ils recevront en
» échange les effets blanchis et raccommodés pour l'usage
» de la semaine qui commence.

» Ils devront payer une modique rétribution de un à
» deux centimes par pièce et par semaine, pour le blan-

» chissage et l'entretien. Les pièces manquantes ne
» seront point remplacées.

» Les trousseaux ou fractions de trousseaux ne seront
» renouvelés qu'à des époques fixes, soit tous les trois ou
» quatre ans ; de sorte que chaque abonné aura intérêt à
» ménager les effets qui lui seront laissés pour son usage. »

Tel est, le plus brièvement possible, l'exposé de la
première partie de notre système, c'est-à-dire l'application du travail du prisonnier à l'amélioration du sort des
travailleurs.

De cette manière, suivant nous, le travail du prisonnier, loin de nuire aux ouvriers libres, leur viendra
en aide. Non-seulement les travaux de couture et autres
reprendront un prix normal, mais encore les femmes,
mères de famille, pourront employer à leurs travaux payés
tout le temps qu'elles passent maintenant à blanchir et
raccommoder leurs vêtements, ceux de leur mari et de
leurs enfants, et augmenter d'autant plus le gain de la
journée. Il est évident aussi que tous les travailleurs,
hommes, femmes et enfants, étant mieux couchés, mieux
vêtus, travailleront davantage et seront moins sujets aux
maladies, à la démoralisation, aux infirmités.

Mais, dira-t-on, en fournissant ainsi au peuple, linge,
vêtements, chaussures, objets de literie, etc., vous dimi-
nuerez les débouchés, vous nuirez à l'industrie, ce que
vous donnerez d'une main, vous le retirerez de l'autre.

Nous répondons : Ces secours sont donnés aux pères de
famille gagnant moins de deux francs par journée de
travail, et il y en a beaucoup ! aux jeunes filles et aux
femmes gagnant moins de un franc, et dont le nombre
est énorme ; aux mères accablées d'enfants ; à la pauvre

ouvrière à peine vêtue, affrontant la pluie et le pavé boueux, nu-tête et presque nu-pieds. Tous ces infortunés achètent peu ; ils gagnent à peine pour payer le boulanger et le propriétaire ; ils attendent qu'on leur abandonne des vêtements déjà usés, trop heureux quand ils n'attendent pas en vain !

Nous ne ferons point tort à l'industrie libre, car jamais ces vêtements que nous leur donnons ne lui eussent été commandés. Je dis au contraire que nous favoriserons le commerce, en ce sens que ce commencement de bien-être engagera, aidera, forcera même l'ouvrier, jusque-là dénué de tout, à remplir fidèlement ses engagements ; il ne faut pas seulement, pour qu'un marchand fasse ses affaires, qu'il vende beaucoup, mais il faut encore qu'il soit payé régulièrement.

On objectera aussi : Ces objets que vous délivrez avec tant de confiance ne seront pas rapportés ; ils seront vendus par vos abonnés dans les moments difficiles.

Celui qui commettrait cette infidélité entendrait bien mal ses intérêts, puisque, pour quelques pièces d'argent dépensées aussitôt que reçues, il s'interdirait le droit à un secours qui doit lui être continué aussi longtemps qu'il en aura besoin. Qu'on dise que cet abus se présentera, nous l'accordons ; mais il fera l'exception. Et d'ailleurs plusieurs moyens ne se présentent-ils pas pour prévenir cet abus ? Ne pourrait-on imprimer sur tous les effets ou introduire dans le tissage des marques ineffaçables ? Ne peut-on pas interdire au Mont-de-Piété de recevoir ces effets, et décréter des peines sévères contre tout détenteur irrégulier ?

Dira-t-on aussi que beaucoup d'objets, sans être vendus,

pourraient être détruits ou perdus? Dans ce cas l'abonné sera admis à donner des explications ; elles seront appréciées, et si elles ne sont pas jugées satisfaisantes, les effets manquants ne seront point remplacés ; l'abonné n'aura plus droit qu'à une fraction du trousseau.

On pourrait craindre que ces secours fussent distribués d'une manière peu équitable. Sans doute cela pourra arriver ; cependant nous avons une garantie : c'est l'obligation pour tout abonné de se présenter en personne au dépôt de son arrondissement chaque semaine ; les gens assez peu délicats pour enlever la part du pauvre seraient bien vite démasqués. On peut dire aussi que la mesure n'étant ni temporaire ni locale, mais bien générale et permanente, on sera toujours à même de contrôler les abonnements et de réprimer les abus.

Enfin on pourrait s'imaginer que ces distributions gratuites et continuelles dans toute la France entraîneraient l'Etat dans des dépenses excessives. Nous espérons démontrer le contraire.

Notre but est celui-ci : Occuper sagement le prisonnier de la manière la moins onéreuse pour l'Etat.

On ne peut s'appuyer sur les principes économiques de l'industrie libre pour établir ceux de notre système. Le but, les moyens ne sont plus les mêmes. Suivant nous, l'Etat doit occuper les prisonniers par humanité, non par spéculation. Loin de gagner sur le produit des prisons, il doit consentir à y perdre. Il n'a donc pas un intérêt pécuniaire à ce que les détenus fabriquent beaucoup ; mais il a un intérêt moral à ce qu'ils soient sagement occupés et stimulés au travail. On doit donc rechercher tous les moyens qui augmentent la main d'œuvre en diminuant la dépense de matière première et d'outillage. Ainsi un procédé, un mode d'opérer qui apporterait une économie de 10 p. 0/0 sur la matière première ou l'outillage, et une augmentation de 80 p. 0/0 sur la main d'œuvre, devrait être accueilli aussitôt.

Déjà le blanchissage, l'entretien, la distribution des trousseaux, offrent, dans notre système, aux prisons et surtout aux maisons de charité, une source inépuisable de travail dans lequel la main d'œuvre est tout, et la matière première n'est rien.

Si nous passons aux détails de la fabrication, au choix des matières premières, nous sommes frappés des économies qu'avec quelques recherches on peut réaliser ; nous en donnerons quelques exemples. — Ainsi, d'abord la toile : elle sera fabriquée en grande quantité, puisqu'elle est la base de tous les effets composant la lingerie. Voici à cet égard comment nous proposons d'opérer :

On n'achètera point de chanvre ; on se servira des lames usées des tisserands. Les lames ou lisses sont des sortes de réseaux en fil, employés dans la fabrication de la toile. Une lame sert à fabriquer deux ou trois pièces, après quoi elle est abandonnée, elle n'a plus aucune valeur. Mais en la défaisant, on peut, avec les fils qu'on en retire, fabriquer de très bonne toile. Cet usage n'existe pas, parce que ces fils usés par place cassent souvent au tissage : il faut les renouer, opération qui entraîne des lenteurs dont l'effet est d'augmenter la main d'œuvre, à tel point que la toile faite avec le fil des lames coûte le double de celle fabriquée avec du fil neuf. — Mais ce qui n'est pas praticable avec l'industrie libre s'applique merveilleusement au travail des prisons. Les détenus tisserands seront, il est vrai, quatre ou cinq fois plus de temps à fabriquer la toile avec du fil provenant des lames qu'avec du fil neuf. Mais le kilogramme de matière première, au lieu de coûter trois francs, coûtera *vingt centimes* seulement, peut-être moins, et une paire de drap de grandeur ordinaire, dont le poids en moyenne est de quatre kilogrammes, ne coûtera que quatre-vingts centimes de matière première environ.

Plusieurs mètres de toile ont été fabriqués ainsi, il y a plus de six ans ; on s'est assuré de leur bonne qualité, le résultat est certain, et les lames des tisserands se trouvent en grande qualité dans les villes de fabriques.

On peut aussi donner à filer aux détenus de l'étoupe de lin qui ne coûte que quatre-vingts centimes le kilo-gramme, et se servir de ce fil pour la chaîne de la toile, réservant le fil des lames pour la tissure ; la même paire de draps coûterait, par ce procédé, deux francs de matière première.

Cette toile économique passe dans les mains des détenus, hommes ou femmes, employés à la confection de la lingerie.

Pour les couchers, nous proposons l'emploi de deux matières premières peu connues dans les villes, la mousse et la tête de roseau (appelée dans la campagne, *moine*). La première peut remplacer la laine des matelas, beaucoup de ménagères savent cela, surtout en province ; la mousse coûterait fort peu de chose ; elle exige pour être employée un épluchage facile, mais très long à faire ; sous ce double rapport, la mousse serait précieuse à l'industrie détenue.

Le roseau, comme la mousse, ne coûte que la peine de

le cueillir et de l'éplucher. J'ai eu des couvre-pieds piqués garnis en duvet de tête de roseau, c'est lourd, mais c'est chaud ; ces couvre-pieds ne valent pas les édredons, cela est vrai, mais je suis convaincu que nos travailleurs s'en trouveraient parfaitement bien en hiver en guise de couvertures de laine.

On fabriquerait avec la tige du roseau des berceaux pour les nouveau-nés et des nattes formant tapis de pied ou descente de lit. Nul doute que les prisonniers ne réussissent, avec les tiges les plus flexibles des roseaux, à fabriquer d'autres objets utiles dans le ménage de l'ouvrier.

Ne trouverait-on pas aussi dans les déchets de filature des matières à bon compte avec lesquelles on ferait fabriquer des objets tricotés ?

Nous nous bornerons à ces citations, nous ne pouvons donner dans cette esquisse rapide la liste complète des matières premières économiques qui, en raison du surcroît de main d'œuvre qu'elles exigeraient pour être employées, sont rejetées par l'industrie libre, et par cela même, seraient précieuses à l'industrie détenue. Nous avons voulu seulement indiquer combien ce champ d'investigation peut être fertile. On voit qu'avec de la mousse, des roseaux, de l'étoupe de lin, des lames de tisserands, de la potasse, matériaux presque gratuits, on pourrait déjà occuper un grand nombre de prisonniers des deux sexes, d'intelligence diverse. (*Note* 3.)

Par ces moyens, et beaucoup d'autres analogues, la dépense en matière première, qui est la seule importante à considérer, pourra se réduire de manière à ce que les sommes affectées actuellement aux prisons restent suffisantes. — Nous pensons avoir répondu à la dernière objection, et nous ajouterons que si l'État a recouru jusqu'à présent aux fournisseurs pour les vêtements des prisonniers, il pourrait réaliser de notables économies en faisant fabriquer lui-même ces vêtements, par les moyens que nous indiquons.

Il nous reste à présenter une observation.

Nous repoussons l'emploi des machines dans les prisons, d'abord parce que notre but n'est pas de fabriquer beaucoup en un temps donné, ensuite parce que leur entretien est excessivement onéreux, surtout dans les prisons cellulaires. Le détenu qui n'a jamais grand intérêt à travailler se venge assez volontiers de ses ennuis sur ses outils; le dégât qu'il fait souvent par calcul, souvent aussi il le fait sans savoir pourquoi, par boutade, nous dirions presque par accès de folie ; donc en général point de machines pour le travail des prisonniers.

Voilà en substance ce que nous avions à dire sur l'application du travail des prisons et des maisons de charité, à l'amélioration du sort des classes laborieuses.

Mais il ne suffit pas de meubler le ménage du travailleur, en attendant une répartition plus équitable du bien-être, entre tous les citoyens honnêtes et laborieux, il faut aussi meubler son esprit, il faut lui donner l'instruction largement, généreusement, « avec profusion, » et le travail des détenus peut encore ici devenir d'une grande utilité. Nous sommes arrivés à la seconde partie de notre système, c'est-à-dire l'application du travail des prisonniers à l'instruction populaire.

Le meilleur système d'enseignement des sciences d'application est celui qui parle souvent aux yeux. Toutes les fois que le professeur peut s'emparer de l'attention de ses élèves en leur présentant le modèle en relief de sa proposition, la démonstration en est faite aux trois quarts avant qu'il ait parlé. Les modèles en relief facilitent singulièrement le raisonnement; ils servent de jalons à la mémoire. Ils donnent un corps aux souvenirs, et les rendent beaucoup moins fugitifs. Le calcul des surfaces et des volumes, les éléments de géométrie descriptive, de statique, de dynamique et de perspective, la coupe des pierres et des charpentes, les éléments de construction, la théorie des ombres, etc., tous ces différents chapitres de la science d'application qui formeront bientôt le programme de l'instruction à donner à l'ouvrier, tous ces éléments deviendraient faciles à étudier à l'aide des groupes de modèles en relief; sans eux ils resteront inabordables pour le plus grand nombre.

La seule objection qu'on peut faire à ce mode d'enseignement repose sur une question d'argent. Les modèles en relief coûtent fort cher à établir; c'est pourquoi, malgré leur utilité incontestable, ils sont si rares; on n'en voit guère qu'au Conservatoire. Ils n'ont aucune valeur intrinsèque, puisqu'ils sont en bois ou en carton; mais leur construction est un travail de patience. Eh bien, ces conditions : beaucoup de main d'œuvre, fort peu de matière première, ne sont-elles pas celles qui conviennent à la nouvelle organisation du travail des prisons?... Que l'Etat fasse donc fabriquer des collections de modèles en grand nombre par ce moyen, et qu'il en dote largement l'enseignement populaire.

Par extension nous disons que les détenus les plus habiles pourraient être occupés à créer les *Galeries de l'Histoire des Inventions*. Nous appelons ainsi une collection de modèles démonstratifs de toutes les inventions mécaniques, ingénieuses, bonnes ou mauvaises, qui ont été recueillies. Ces modèles seraient classés par catégories d'inventions ; ainsi pour donner quelques exemples qui complètent notre pensée, un groupe serait formé de toutes les machines imaginées jusqu'à ce jour pour remonter l'eau. Ce problème est un de ceux qui ont le plus occupé les esprits inventifs. On ne compte pas moins de vingt principes différents, appliqués de diverses manières, pour remonter l'eau. Les mouvements perpétuels, dans leur éloquente immobilité, formeraient un autre groupe ; ils peuvent tous se résumer dans une dixaine de modèles. Tous les moyens imaginés, tous les principes invoqués, soit pour produire le mouvement à l'aide de la vapeur ou de tout autre moteur, soit pour diriger les bateaux sur les eaux et les locomotives sur les routes ordinaires, tous ces efforts de l'esprit humain, tous ces grands problèmes si séduisants à cause de l'importance des résultats désirés, seraient reproduits, groupés, comparés. L'historique de chaque invention, ses conditions d'existence et d'utilité, seraient indiquées sommairement dans des traités spéciaux. Ces livres trouveraient naturellement leur place dans les bibliothèques communales, qui ne peuvent tarder à être organisées en vue de l'instruction populaire.

Ces collections raisonnées des inventions éviteraient de nombreuses déceptions ; elles répandraient l'érudition dans toutes les classes de la société. Nous ajoutons : le travail gratuit des prisonniers peut seul accomplir cette tâche.

L'érudition passe avant l'imagination, en matière d'invention mécanique, et c'est bien dans ce cas qu'on peut dire que l'imagination est la folle du logis, folle qui jette l'argent par les fenêtres, et ne laisse après elle que la ruine et la déception.

Après avoir expliqué comment nous entendons que le travail des prisonniers peut être appliqué à l'enseignement populaire, nous devons rechercher les objections pour y répondre.

On dira peut-être que le nombre des prisonniers capables de travailler à ces modèles étant trop restreint, la production en sera trop lente pour arriver jamais à faire de ces collections un moyen général et efficace d'instruction populaire. Nous répondrons que ce nombre sera aussi grand qu'on le voudra bien, parce que les mêmes pièces se répétant, on pourra diviser le travail et le faciliter infiniment. Quant aux modèles des Galeries des Inventions, il faut songer qu'il ne s'agirait pas d'établir des modèles qui, de même que ceux du Conservatoire des Arts et Métiers, pussent fonctionner comme les machines en grand qu'ils représentent. Ces modèles seraient plutôt des images en relief que des machines réduites, et à ce titre présenteraient peu de difficultés dans leur établissement.

Cette partie de la question du travail des prisonniers a aussi son point de vue économique. L'État, pour s'indemniser d'une partie des dépenses, pourrait vendre aux villes ces collections de modèles de machines, qui deviendraient, pour ainsi dire, un luxe obligé des centres industriels et manufacturiers.

Tel est l'ensemble de ce système. Nous l'avons exposé le plus sommairement qu'il nous a été possible; nous croyons avoir prévu les principales objections; nous ne pouvions nous arrêter aux détails. Il nous reste à recommander à nos lecteurs de ne point rejeter ce projet avant de l'avoir étudié sérieusement et impartialement. Ainsi que nous l'avons dit en commençant, il n'est pas improvisé ; il est mûri depuis longtemps par de bons esprits et des cœurs généreux qui n'ont pas attendu la Révolution de 1848 pour être touchés des misères immenses qui nous entourent. Nous avons souvent entendu ces généreux scrutateurs de notre société ; nous avons osé nous faire leur interprète, et nous serions bien heureux si, pour notre faible part, nous pouvions contribuer au bien-être et à l'instruction des travailleurs : les meilleures garanties d'ordre que riches et gouvernants doivent désormais réclamer.

NOTES.

NOTE 1.

Nous voudrions que tous les prisonniers condamnés à un an et plus, eussent droit, à leur sortie de prison, à une masse de cinquante francs, quel que fût d'ailleurs le temps de la détention subie au-dessus d'une année. Il nous semblerait souverainement injuste que, par suite de la fiction que cette masse est le produit des économies du détenu, celui qui aurait été condamné à quatre ans d'emprisonnement reçût une somme quatre fois plus forte que celui qui, moins coupable, n'aurait eu à subir qu'une année de la même peine. Il est bien entendu que cette masse serait remise au prisonnier libéré par faibles sommes, soit deux francs par jour.

Quant aux gratifications destinées à stimuler le zèle du prisonnier, elles seraient distribuées en nature, non en argent. Le prisonnier choisirait, suivant la somme de gratifications qu'il aurait obtenue, l'objet qui le flatterait le plus, et pourrait attendre que cette somme atteignît le chiffre du prix de l'objet désiré. Cette méthode nous a toujours parfaitement réussi avec les jeunes détenus de la Roquette.

NOTE 2.

Le Citoyen Marchal (de Calvi), candidat à la représentation nationale, propose de reléguer les industries malsaines ou dangereuses dans les prisons. Mais suivant nous ces industries comprennent des opérations chimiques plutôt que des travaux manuels, pour la plupart elles exigent l'emploi du feu, des acides, des métaux précieux. Tous ces agents de fabrication seraient autant de moyens de destruction, de vengeance, de tentation entre les mains des prisonniers.

NOTE 3.

Les matières premières à bon compte que nous avons citées, et que nous rappelons : la mousse, le roseau, l'étoupe de lin, les lames ou lisses de tisserand, la potasse, alimenteraient un grand nombre de travaux dont voici un aperçu.

1° Lessiver et laver le linge et les vêtements; les raccommoder (travail qui se renouvellerait toutes les semaines);

2° Filer l'étoupe de lin; tisser la toile;

3° Confectionner tous les objets de lingerie, tels que draps de lit, toiles à matelas, couvre-pieds piqués, et tout ce qui concerne les couchers; chemises, serviettes, bonnets de femme, etc., layettes complètes pour les nouveau-nés, blouses et pantalons d'été, etc., etc.

4° Objets tricotés à la main, tels que bas, gilets, etc.

5° Eplucher la mousse et le roseau, défaire les lames de tisserand, bobiner, tramer, ourdir, etc.

6° Fabriquer avec la tige de roseau des berceaux pour les nouveau-nés, des nattes formant tapis de pieds, descente de lit et autres objets.

Nous ajouterons qu'avec les os provenant de la nourriture des prisonniers et des déchets de fil de fer, on fabriquerait aisément et presque pour rien les boutons, les agrafes et les boucles nécessaires à la confection des vêtements.

Le 20 mai dernier, nous avons fait afficher à 300 exemplaires la Proposition dont les développements font l'objet de cette Brochure.

Imp. Pollet, rue St-Denis, 380. — CARRÉ, associé, passage du Caire, 77.